LE CONCILIATEUR,

ou

TRENTE MOIS

DE L'HISTOIRE DE FRANCE.

PARIS, IMPRIMERIE DE LEBEL, IMPRIMEUR DU ROI,
Rue d'Erfurth, n° 1.

LE CONCILIATEUR,

OU

TRENTE MOIS

DE L'HISTOIRE DE FRANCE.

A PARIS,

CHEZ GRIMBERT, SUCCESSEUR DE MARADAN,

RUE DE SAVOIE, Nº 14.

1824.

AVANT-PROPOS.

L'auteur de cet écrit est connu de tous les royalistes, et il espère qu'il en est aimé. En 1815, il a été fidèle au Roi : il n'a fait que son devoir, mais il l'a fait ; en 1817, il a perdu une place assez importante, pour avoir publié une brochure dans laquelle il engageait les électeurs à nommer les députés de 1815 ; en 1824, l'espoir de ramener l'union parmi les royalistes lui a fait prendre la plume ; heureusement sa tâche vient d'être simplifiée par trois mesures de la plus haute importance ; la création d'un ministère de l'instruction publique et des cultes, l'établissement d'une commission de révision pour les décrets et lois de l'empire, et la nouvelle organisation du conseil d'État, en satisfaisant aux besoins de la France royaliste, ont fait cesser la division qui avait commencé à éclater dans les rangs monarchiques. Puisse cet écrit achever cette heureuse réconciliation! si l'auteur parvient à rapprocher ceux que des nuances fugitives semblent avoir éloignés plutôt que désunis, il aura remporté la seule victoire qu'il ambitionne; aucun rôle ne lui a jamais paru aussi beau que celui de *conciliateur*.

LE

CONCILIATEUR,

OU

TRENTE MOIS

DE L'HISTOIRE DE FRANCE.

Au mois de décembre 1821, le ministère présidé par M. le duc de Richelieu, ayant succombé dans la lutte parlementaire, fut remplacé par des hommes qui avaient donné des preuves nombreuses de dévoûment à la monarchie. MM. de Villèle et Corbière, que l'on avait vus depuis 1815 à la tête de l'opposition royaliste, furent nommés, l'un au minis-

tère des finances, et l'autre à celui de l'intérieur; le département des affaires étrangères
fut confié à M. le duc de Montmorency; M. le
duc de Bellune prit l'administration de la
guerre; les sceaux furent déposés entre les
mains de M. le comte de Peyronnet; et le porte-
feuille de la marine fut confié à M. le marquis
de Clermont-Tonnerre. L'ordonnance de nomination, en date du 15 décembre 1821, fut
contre-signée par M. le marquis de Lauriston,
ministre de la maison du Roi, le seul qui eût
survécu au grand naufrage ministériel. Dès ce
moment tout prit pour les royalistes une face
nouvelle; les principes monarchiques, que l'on
n'avait osé jusque là ni repousser ni accueil-
lir, furent professés avec une entière franchise;
l'Europe, avertie par les révolutions de Naples,
de Turin et de Madrid, du danger des trônes,
se réveilla d'un trop long sommeil; et les mo-
narques, décidés à combattre et à vaincre le
principe de la révolte en quelque lieu et sous
quelque forme qu'il se montrât, se réunirent
au congrès de Vérone. Là furent traitées
avec tous leurs développemens les grandes
questions relatives à la civilisation euro-

péenne. Le sort de la malheureuse Espagne excita surtout au plus haut degré l'intérêt de l'aréopage couronné. L'Espagne subissait à cette époque le sort réservé à tous les pays qui veulent chercher le bien dans des voies qui n'y conduisent jamais : le pouvoir militaire, institué pour défendre le monarque et l'État, avait enchaîné l'un et asservi l'autre; il ne restait plus au prince que le droit honteux de sanctionner sa propre ruine; les clubs étaient des cavernes, les discours des arrêts de mort, les soldats des sbires, et les baïonnettes des poignards. Telle était l'Espagne à la fin de 1823, lorsque les souverains réunis à Vérone résolurent, non de la conquérir, mais de la délivrer, et pensèrent *presque unanimement* que l'appareil de la guerre pouvait seul y ramener la paix. Les deux plénipotentiaires, si dignes de représenter notre auguste monarque, étaient M. le duc Matthieu de Montmorency et M. le vicomte de Châteaubriand. Le premier s'étant trouvé en dissidence avec les ministres ses collègues sur un point qui lui sembla intéresser sa conscience, crut devoir donner sa démission, et se retira entouré des hommages publics. On n'oubliera jamais le discours d'une simplicité sublime qu'il prononça à la chambre des députés pour abjurer quelques torts politiques qui remontaient à son adolescence. Commettre une faute est dans l'humanité, l'avouer ainsi c'est s'élever au-dessus d'elle-même ; c'est remplacer un nuage par une auréole.

Le Roi lui donna pour successeur M. le vicomte de Châteaubriand. Sa Majesté ne pouvait choisir un nom plus fameux, ni un écrivain plus illustre. Loin que sa retraite, toute récente, soit pour moi un motif de blâmer son administration, j'y trouverai l'occasion de le louer plus librement : s'il était encore ministre, quoique je ne sois animé envers lui par aucun sentiment de reconnaissance personnelle, on suspecterait mes éloges. Quand il s'agit d'un homme en place, louer c'est flatter. Je conviens donc avec une entière liberté, comme avec une entière franchise, que M. de Châteaubriand a jeté sur son ministère l'éclat de son nom ; mais si, par des motifs qu'il ne m'appartient pas d'examiner, le Roi a voulu lui redemander le porte-feuille des affaires étrangères [1], est-ce un motif pour prétendre que les autres ministres qui ont siégé avant lui et avec lui au conseil n'ont pas fait leur devoir? ce serait mettre la passion à la place de la bonne foi; il me sera facile de démontrer qu'ils ont tous fait les plus grands efforts pour justifier la confiance du souverain. Un examen rapide pourra faire partager à mes lecteurs la conviction que j'éprouve.

---

[1] On conçoit que la retraite de M. de Châteaubriand ait vivement affligé les rédacteurs du Journal des Débats. M. Bertin l'aîné, qui était royaliste bien avant la restauration, et qui, sous l'Empire, a été déporté à l'île d'Elbe, est uni au noble pair par les liens de la plus étroite amitié; il a suivi comme lui à Gand son Roi malheureux; et sur la terre d'exil il a rédigé un journal dans lequel ont été insérés ces beaux rapports au Roi, qu'on peut regarder comme des titres solides de la gloire littéraire et politique de M. de Châteaubriand. Revenu en France, M. Bertin a soutenu son honorable ami dans sa lutte avec l'ancien ministère; il a dû voir sa retraite avec un profond regret, et son mécontentement a pu lui arracher des expressions trop peu mesurées. L'amitié est le seul sentiment dont l'excès même soit respectable.

MINISTÈRE DES FINANCES.

Quand on parle d'un ministère où tout est positif, où tout repose sur des chiffres, il semble que l'ordre et la clarté, qui sont toujours utiles, soient encore plus nécessaires; c'est là qu'il faut surtout des faits et non des phrases. Je me bornerai donc à des résultats, comme en mathématiques on justifie une règle par la preuve.

ÉCONOMIES.

Six millions neuf cent soixante-neuf mille francs d'économie à la décharge des contribuables ont été obtenus sur divers services publics, par l'effet des améliorations successives introduites dans le mode d'administration de ces services.

Ce fait important résulte de la comparaison des budgets de 1821 et de 1825.

Les six millions neuf cent soixante - neuf mille francs se décomposent ainsi qu'il suit :

1° Economies sur les frais de service de la trésorerie. . . . . 1,400,000 fr.

2° Economies sur les remises extraordinaires accordées aux receveurs des finances. 800,000

3° Economies sur les frais d'administration intérieure du ministère des finances, indépendamment de. 350,000

de dépenses fixes converties en dépenses temporaires. 740,000

4° Economies sur les frais d'administration de l'enregistrement du timbre et des domaines. 258,000

5° Economies sur l'administration des forêts. 66,000

6° Economies sur l'administration des douanes. 150,000

7° Economies sur l'administration des contributions indirectes. 345,000

8° Economies sur les frais d'administration et de perception des contributions directes (1). 3,210,000

---

(1) M. Cornet d'Incourt, qui s'est distingué parmi les membres de l'opposition royaliste, par la gaîté mordante de ses discours, et le tour particulier de son esprit, a mis dans l'organisation des contributions directes tout le soin qu'on pouvait attendre de lui.

Les travaux immenses qui ont amené, accompagné et suivi ces réductions de dépenses, ont été dirigés concurremment avec une foule d'opérations dont il suffit de présenter la nomenclature, pour que l'on juge de l'activité qu'il a fallu déployer dans le court intervalle de trente mois.

ACTES ADMINISTRATIFS.

L'ordonnance royale réglementaire du 14 septembre 1822, sur la comptabilité des dépenses publiques, est pour l'ordre, l'économie et la richesse de l'Etat, une des choses les plus remarquables qui aient jamais signalé la gestion d'aucun ministre des finances. Le trésor est parvenu ainsi à rentrer dans la possession immédiate de tous les produits réalisés par ses agens, et à leur retirer toute latitude pour se libérer envers lui, et tout bénéfice occulte qui n'était pas le prix de leurs services (1). Les liens de la comptabilité

----

(1) Il est juste de déclarer que ce travail si important, dont le ministre a dirigé toutes les parties, a été exécuté

imposés aux comptables de tout grade ont été tellement resserrés, que l'administration n'a plus à supporter aucune non-valeur dans la réalisation de ces ressources. Ces simplifications nombreuses dans les rouages de la trésorerie ont réduit de près de huit millions les frais ordinaires de son service. Ce résultat immense est la plus belle apologie de l'ordre, qui est aux abus ce que la lumière est aux ténèbres.

CRÉATION DU CONSEIL SUPÉRIEUR ET DU BUREAU DU COMMERCE ET DES COLONIES.

« Sa Majesté a ordonné la création d'un
» centre commun où vinssent nécessairement
» comparaître toutes les demandes, tous les
» vœux de l'agriculture, de l'industrie manu-
» facturière et du commerce; où vinssent se
» réunir et se comparer tous les faits, tous
» les documens, tant intérieurs qu'extérieurs,
» propres à les faire bien apprécier; où le

---

avec un talent supérieur, par M. le comte Gaston d'Au-
difret, directeur de la comptabilité.

» gouvernement tout entier délibérât, envi-
» ronné de toutes les garanties, de toutes les
» lumières propres à assurer sa marche. »

Cette définition, donnée par M. le président du conseil, suffit pour prouver l'utilité de cette institution naissante, qui a déjà fait du bien, et qui en promet beaucoup plus qu'elle n'a eu le temps d'en produire.

CADASTRE.

L'ancien cadastre avait pour motif apparent de donner à la répartition de l'impôt foncier des bases plus équitables, et pour but réel de faire connaître à un gouvernement despotique la portion de revenu qu'il pouvait, sans compromettre sa propre existence, enlever annuellement aux propriétaires fonciers ; aussi le cadastre était-il devenu une espèce d'inquisition territoriale, contre laquelle les conseils-généraux, les assemblées de cantons et les propriétaires se débattaient en vain. Il est tombé avec le régime qui l'avait vu naître ; la loi du 31 juillet 1821 a posé les bases d'un nouveau système qui,

2

sous le ministère de M. de Villèle, s'est déve-
loppé rapidement, et avec tout l'avantage que
donnaient au ministre actuel le concours et
l'appui de l'opinion royaliste. C'est aujour-
d'hui une véritable opération de famille à laquelle le gouvernement ne prend part que
dans l'intérêt de la justice distributive. Le
caractère du despotisme est de vouloir tout
obtenir par la force, il ordonne : le gouvernement légitime, dans tous les actes qui n'in-
téressent ni la puissance de l'Etat, ni les
droits de la couronne, se borne à conseiller ;
il guide, il dirige, il encourage, il indique
les méthodes qui lui paraissent les plus sû-
res pour arriver au but où doivent se réunir
tous les intérêts particuliers, mais il ne vio-
lente ni les propriétaires, ni la propriété. Tel
est l'esprit qui préside en ce moment à la con-
fection du cadastre.

« La dépense, faite par économie dans les
» départemens, est moins forte que lorsqu'elle
» était confiée à une direction générale ; et
» on croit qu'elle n'est pas moins bien exé-
» cutée, qu'elle l'est peut-être mieux. L'utilité
» est si manifeste, que soixante-dix-huit dépar-

» temens ont voté les fonds nécessaires pour
» la complète exécution de cet ouvrage. »

Cet exposé ne laisse aucun doute rur la manière dont s'exécute la loi sur le cadastre; et on en sera encore plus convaincu quand on saura que ces paroles si concluantes sont extraites du rapport fait, le 1ᵉʳ juillet, à la chambre des Pairs par M. le marquis de Marbois, qu'on n'accusera certainement pas d'un ministérialisme outré.

Il me semble qu'un pareil système doit satisfaire toutes les personnes qui voient d'un peu haut les matières d'administration, et qu'il recommande à la reconnaissance du pays le ministre qui en poursuit l'exécution avec autant de sagesse que de persévérance.

EMPRUNT DE 1823.

Cet emprunt a prouvé ce qu'on peut concevoir, entreprendre et exécuter quand on a pour soi la confiance : annoncé au mois de février 1823, deux mois avant l'entrée en Espagne, il a été rempli en six semaines, et a donné les moyens de subvenir largement aux frais de la guerre. Ceux qui ont pris part à l'emprunt y ont trouvé un bénéfice considérable. Les impôts n'ont pas été augmentés, et cette belle opération, conçue et réalisée comme par enchantement, n'a pas été l'objet d'une seule critique, même de l'opposition. C'est, je crois, la plus belle victoire que puisse remporter un ministre.

DIRECTIONS GÉNÉRALES DES CONTRIBUTIONS INDIRECTES ET DES POSTES.

Une organisation complète des contributions indirectes a réformé les abus qui existaient dans cette administration, et l'a enfin amenée à ce résultat, si difficile à obtenir, d'enrichir l'État sans exciter les murmures et les plaintes des particuliers (1).

------

(1) Cette administration est confiée à M. Benoît, qui a eu l'honneur de perdre sous l'ancien ministère la place de conseiller d'Etat, pour avoir parlé avec mesure et modération contre une loi qui lui paraissait anti-monarchique.

Quant à la direction générale des postes, c'est une chose qui n'est point contestée, que dans aucun temps le service ne s'est fait avec autant de célérité ni d'exactitude. Le commerce a regardé comme un véritable bienfait l'idée de retarder le départ des courriers jusque après l'heure de la bourse, et cette innovation a valu aux négocians des bénéfices incalculables; la distribution plus rapide et plus fréquente des lettres dans la capitale et dans la banlieue a multiplié les débouchés, en multipliant les rapports, et les revenus de la poste se sont accrus dans une proportion bien supérieure aux nouveaux frais (1).

Si l'on joint à toutes ces améliorations, à toutes les créations que j'ai citées plus haut, l'obligation, pour M. le président du conseil, de discuter et de préparer les lois portées aux chambres pendant quatre sessions, la

---

(1) Les négocians ont fait parvenir plus d'une fois l'expression de leur reconnaissance à M. le duc de Doudeauville, directeur-général des postes, aujourd'hui ministre de la maison du Roi.

nécessité de correspondre avec toutes les autorités, et d'imprimer la vie et le mouvement à la grande machine politique (1), on conviendra que l'immensité de ces détails était plus que suffisante pour absorber l'existence d'un seul homme qui n'aurait pas eu la plus haute capacité politique.

L'examen impartial de tant de choses faites prouvera, j'espère, aux esprits les plus prévenus, qu'il faut penser avant de parler, réfléchir avant de croire, et sonder les profondeurs au lieu d'effleurer les surfaces.

---

(1) La justice demande ici une mention particulière pour M. le comte de Rainneville, maître des requêtes et chef de la division du cabinet de M. le comte de Villèle ; chez lui l'expérience a devancé l'âge, et son activité infatigable a plusieurs fois compromis sa santé.

MINISTÈRE DE LA GUERRE.

La nomination de M. le maréchal duc de Bellune au ministère de la guerre avait réjoui tous les royalistes; les plus honorables antécédens offraient une garantie infaillible de ses principes et de son caractère. Son nom, synonyme de la fidélité, était un épouvantail pour les factieux; son premier soin fut de s'occuper de l'organisation de l'armée : sûr qu'elle serait fidèle quand elle serait unie, il travailla sans relâche à étouffer les germes de division qui existaient dans son sein ; des épurations long-temps méditées, et tellement justes qu'on n'osa pas s'en plaindre, rétablirent l'harmonie dans l'armée tout entière, qui dès lors fut unanimement dévouée au Roi et à la France. Le ministre se livrait en même temps à des travaux administratifs d'une grande utilité. La direction des subsistances, l'habillement des troupes, l'augmentation de leur solde, l'armement des places fortes, la liquidation des créances de l'arriéré, les dépenses de la maison militaire du Roi, les traitemens de réforme, les pensions aux veuves et aux orphelins, l'état-major des places et plusieurs autres objets de détail, appelèrent l'attention toute particulière de M. le duc de Bellune.

L'armée n'oubliera jamais avec quelle sollicitude il s'occupa de son sort. Le pain de munition était composé de deux sortes de grains, et ce mélange donnait lieu à des abus qui tournaient au détriment des soldats; le Roi, sur la proposition de son ministre de la guerre, ordonna qu'à compter du 1er janvier 1823 le pain de troupe ne serait plus fabriqué qu'avec de la farine de froment. Cette ordonnance fut reçue dans toute l'armée comme un éclatant bienfait de Sa Majesté.

La guerre d'Espagne fournit bientôt à M. le duc de Bellune une nouvelle occasion de prouver son zèle et son dévoûment. Le Roi fit sa déclaration le 28 janvier 1823, et dès le lendemain les troupes se mirent en marche.

Cette campagne immortelle, en nous apprenant que le meilleur des princes était aussi le plus grand des capitaines, a rendu à l'Espagne son souverain, à l'Europe son repos, au roi de France son armée. Ces résultats immenses furent obtenus en six mois; et cette guerre de paix, si j'ose ainsi parler, couvre d'une gloire impérissable le monarque qui l'a entreprise, le prince qui l'a conduite et les soldats qui l'ont faite (1).

Les royalistes furent tout à la fois surpris et affligés d'apprendre que le brave maréchal, qui avait si bien rempli son devoir, sortait du ministère; ils surent bientôt que

______

(1) On ne saurait trop louer la conduite de M. le commissaire civil, M. de Martignac, qui s'était déjà distingué à la chambre des députés par la facilité de son élocution, la rectitude de son esprit et l'étendue de ses connaissances. Nommé ministre d'État à son retour de la péninsule, il vient d'être appelé à la direction générale des domaines et de l'enregistrement, et au conseil d'État; on peut garantir d'avance qu'il justifiera la confiance du Roi.

des considérations impérieuses avaient motivé ce changement; M. le duc de Bellune se retira, emportant l'estime de son Roi et celle de tous les hommes attachés aux idées monarchiques. Son successeur, M. le baron de Damas, avait depuis long-temps la confiance des royalistes, qui le virent arriver au ministère avec plaisir; il ne céda pas à cette fantaisie puérile, manie des petits esprits, de changer tout ce que son prédécesseur avait fait, et se fit gloire de suivre une route qu'il lui avait si noblement frayée. Les deux dispositions les plus remarquables qu'il ait prises pendant son ministère sont l'ordonnance du 5 mars dernier, qui règle définitivement la position des officiers en non activité, les rend à la vie civile, en leur conservant le traitement dont ils jouissent, et augmente par là les chances d'avancement dans l'armée active; la seconde est la loi du recrutement qui porte à soixante mille hommes, au lieu de quarante mille, les levées annuelles, et met sur un pied plus respectable les forces militaires de la France, dont le repos même doit avoir encore de la noblesse et de la fierté.

Ce résumé rapide peut donner au lecteur l'idée des pas immenses que l'administration de la guerre a faits sous deux hommes de bien, également habiles, également dévoués aux Bourbons (1), et je ne crois pas que l'on ose accuser en rien ces deux ministres qui peuvent prendre et justifier la devise de Bayard : *Sans peur et sans reproche!*

---

(1) Il est juste de rappeler ici les services rendus par quatre hommes d'un mérite réel, qui ont puissamment secondé les intentions et les vues des ministres; je veux parler de M. le comte de Coetlosquet, de M. le vicomte de Caux, de M. de Perceval, et de M. le vicomte Tabarié.

MINISTÈRE DE LA MARINE.

La marine royale, que l'infortuné Louis XVI fit monter à un si haut degré de gloire et d'éclat, avait reçu pendant la révolution des atteintes presque mortelles.

L'état constant de guerre dans lequel Napoléon s'était mis avec l'Angleterre n'avait pas permis à ses ministres de lui faire reprendre le rang qui lui convenait. Ce n'est que depuis la restauration qu'on a pu s'en occuper utilement. M. Malouet, M. Dubouchage et M. le baron Portal ont fait des efforts, souvent heureux, pour lui rendre son ancienne splendeur.

Un exposé rapide prouvera combien M. de Clermont-Tonnerre était jaloux d'arriver à ce but si désirable.

Les officiers de vaisseau se plaignaient d'être confondus avec la marine marchande: le titre de corps royal leur a été accordé.

Les mousses et les soldats des équipages avaient souvent réclamé de meilleures rations : on a fait droit à leur demande.

Les condamnés militaires étaient, pour ainsi dire, confondus avec les galériens : la suppression du bagne de Lorient les a séparés, et l'on a tellement perfectionné le système d'emploi des forçats, que leurs travaux indemnisent le département de la marine des sacrifices pécuniaires qu'ils lui occasionent. La prévoyante sollicitude de l'autorité va plus loin encore : on conserve à ces malheureux, sur leur faible rétribution, une petite somme, qu'ils retrouvent quand ils sont libérés, et qui leur donne le moyen d'attendre qu'on les emploie au travail dont ils ont contracté l'habitude.

Les escadres d'évolution, projetées dès l'année 1822, ont été retardées par la guerre de 1823; elles sortiront en 1824.

L'état des colonies appelait depuis long-temps la surveillance de l'autorité : de nombreuses améliorations y ont été introduites ; des commissions ont été formées pour arriver aux moyens de les faire prospérer;

la justice y a été organisée ; les comités con-
sultatifs font des observations et des demandes qui sont scrupuleusement exami-
nées , et le compte général des colonies
est positivement annoncé pour le budget
de 1825.

Smyrne, Rio-Janeiro, Lima et Chio at-
testent le courage de nos consuls et l'activité
de nos croisières. Pendant que le contre-
amiral Halgan promenait sur les mers orien-
tales le pavillon majestueux redouté des
oppresseurs, refuge des opprimés, emblème
de l'honneur, de la paix et de la générosité,
M. de Grivel protégeait sur les côtes du Bré-
sil, et M. de Mackau chez les Péruviens, les
comptoirs de la France et les transactions de
son commerce.

Quelque savant propose-t-il des projets ou
des plans d'une certaine importance ? des
commissions formées près du ministre, et
composées des hommes les plus distingués,
examinent ces plans et donnent un avis motivé, afin qu'on ne risque pas, d'une part,
de se jeter inconsidérément dans des essais
ruineux, et que, de l'autre, on ne repousse

pas légèrement des découvertes qui pourraient être utiles.

La jeunesse française est ambitieuse de tous les dangers, comme elle est avide de toutes les gloires; le ministre de la marine a complétement réorganisé pour elle le collége royal d'Angoulême. Les élèves seuls sont admis au concours, et entrent tous les ans dans la marine avec des avantages proportionnés à leur instruction.

La fin de cette guerre mémorable, si digne d'un Bourbon, puisqu'il n'a eu que des récompenses à donner, fait honneur à la marine française. La valeur brillante de nos équipages a beaucoup contribué à la reddition du fort de Santi-Petri (1), et il suffit de dire, pour leur gloire, que si les troupes de terre ont mérité les éloges du prince généralissime, les troupes de mer ont été dignes du grand-amiral.

____

(1) Parmi les officiers qui se sont le plus distingués à l'attaque du fort de Santi-Petri, on a cité MM. Pornei, capitaine du Centaure; Lainé, capitaine de frégate; Thévenard, Trottel, Clément, etc.

MINISTÈRE DE LA JUSTICE.

COMPLOTS RÉPRIMÉS.

Au moment où le nouveau ministère venait d'être investi de la confiance du Roi (décembre 1821), des complots se tramaient sur tous les points de la France, des associations secrètes se formaient; leur but était effrayant, le nombre de leurs adeptes s'accroissait chaque jour. Dans plusieurs régimens, des traîtres travaillaient à ébranler la fidélité des soldats. Un plan général d'insurrection était organisé. On a vu la révolte tenter à la fois de déployer son étendard à Saumur, à Béfort, à Nantes, à Strasbourg, à La Rochelle, à Toulon. La justice a fait son devoir, et, en peu de mois, les manœuvres des conspirateurs ont cessé, les associations secrètes se sont dispersées, et l'espoir de séduire les

3

troupes s'est évanoui. C'est ainsi que se préparait cette immortelle expédition dans laquelle un Bourbon a conduit l'armée française à la seule gloire qu'elle ne connût pas, celle de vaincre pour pacifier. Toute juste, toute nécessaire, toute indispensable qu'était cette entreprise, aurait-on pu la former si l'existence de la monarchie avait encore été menacée par des complots? La magistrature française peut donc s'associer à l'honneur de nos armes, car c'est elle qui, en réprimant la révolte au dedans, a permis à nos soldats de l'écraser au dehors.

Maintenant, si l'on compare ce que le ministère de la justice a fait depuis le mois de décembre 1821 avec ce qu'on lui reprochait de ne pas faire avant cette époque, on ne pourra méconnaître les effets de la nouvelle direction qu'elle a reçue.

AMÉLIORATION DANS LA LÉGISLATION.

Les lois sur la presse, dans lesquelles l'intérêt de la société avait été sacrifié à quelques doctrines métaphysiques, ne fournissaient aucun moyen de répression réel et efficace; aussi l'audace des écrivains révolutionnaires croissait-elle dans une progression menaçante, et chaque jour voyait éclore une multitude de pamphlets dans lesquels étaient mêlés le blasphème et l'appel à la révolte. Deux lois qui offraient enfin à la religion et au trône des garanties suffisantes ont obtenu l'approbation des chambres, et aussitôt la presse est rentrée dans ses limites naturelles; c'est-à-dire qu'au lieu d'attaques virulentes contre les principes du gouvernement, elle ne présentait plus qu'une discussion mesurée des actes de l'administration. Sans doute quelques écrivains téméraires tentent encore de loin à loin de faire revivre cette licence dont le règne scandaleux a si long-temps affligé les bons esprits; mais une justice vigilante et ferme réprime aussitôt leurs écarts; et, à mesure que le temps s'écoule, il est facile de remarquer que les procès de cette nature deviennent de plus en plus rares.

Depuis long-temps l'insuffisance du traitement des magistrats de première instance donnait lieu à des réclamations générales. La tribune avait retenti de justes plaintes sur ce sujet si digne de la sollicitude du chef de l'ordre judiciaire. Cependant aucune amélioration n'avait été proposée. Le ministre actuel s'empressa de demander aux chambres l'augmentation de crédit nécessaire pour établir une plus juste proportion entre les traitemens et les services. Cette augmentation fut accordée, et la magistrature, qui avait tout fait pour l'État, s'aperçut pour la première fois que son bien-être n'était pas indifférent aux dépositaires du pouvoir.

A peine le Code pénal de 1810 avait-il été mis à exécution, que l'on avait senti les inconvéniens attachés à la rigueur excessive des peines qu'il prononce contre de certains crimes : tantôt l'humanité gémissait lorsque ces peines étaient appliquées ; tantôt la justice et l'intérêt social étaient profondément blessés quand la sévérité révoltante du châtiment devenait une cause d'absolution. Un si grand mal avait été signalé par les discussions des chambres, par les observations de toute la magistrature du royaume et par une foule d'écrits ; il était universellement senti. Cependant un long espace de temps s'était écoulé depuis la restauration, sans que le remède eût été proposé; il vient de l'être avec l'approbation de tous les amis de la justice.

L'admission à la retraite des juges infirmes avait été ordonnée par un décret rendu en 1807; mais ce décret, en consacrant le principe, juste en lui-même, qu'un magistrat ne peut conserver des fonctions qu'il est hors d'état de remplir, n'avait établi aucune forme pour constater les infirmités, et par conséquent aucune garantie contre les abus du pouvoir en cette matière. Ce décret vient d'être remplacé par une loi qui est la confirmation la plus énergique de la règle salutaire de l'inamovibilité des juges, puisqu'elle subordonne la retraite du magistrat infirme à l'avis d'un corps indépendant, et dont les membres, inamovibles eux-mêmes, ont nécessairement la volonté de maintenir le principe sur lequel repose leur existence judiciaire.

ADMINISTRATION.

La raison dit assez que pour rendre la justice au nom du Roi, le dévoûment au Roi est une condition indispensable. Cette vérité si juste et si simple n'avait été que trop négligée. Sous le ministère actuel, la conduite publique des candidats aux places de l'ordre judiciaire n'est pas examinée avec moins de soin que leur conduite morale et leur capacité. Voulez-vous, dit l'administration à la jeunesse, exercer les fonctions de la magistrature sous la monarchie? attachez-vous aux doctrines monarchiques. Ces paroles ont porté leur fruit, et la jeunesse, que tant de provocateurs perfides avaient entraînée dans de périlleux écarts, reprend tout naturellement la voie de la sagesse, du dévoûment et de l'amour du devoir. L'effet produit par l'action constante d'une administration dirigée dans ce sens est nécessairement immense, car cette action s'étend à la fois aux diverses classes de fonctionnaires et d'officiers de l'ordre judiciaire, et à tous ceux qui aspirent à le devenir.

De jeunes magistrats, sous le nom de conseillers auditeurs, sont attachés aux cours royales. Cette institution, utile en elle-même, présentait une imperfection. Les réglemens ne fournissaient pas aux conseillers auditeurs assez de moyens de s'exercer et de s'instruire; une ordonnance récente, en ajoutant à leurs attributions, en leur imposant une plus grande masse de travail, prépare une meilleure administration de la justice, et ajoute aux chances d'avancement des conseillers auditeurs.

Il existe une autre classe de jeunes magistrats qui, sous le nom de juges auditeurs, sont envoyés dans les tribunaux de première instance. D'après les réglemens précédemment en vigueur, ils ne pouvaient être attachés qu'aux tribunaux composés de trois juges; c'était un contre-sens, car c'est précisément dans les tribunaux plus nombreux qu'ils trouvent le plus de moyens d'acquérir de l'expérience. Par la même ordonnance, les avantages de l'institution de juges auditeurs ont été étendus à tous les tribunaux; et déjà cette heureuse innovation a opéré dans ces tribunaux une amélioration sensible.

Les membres des cours et ceux des tribunaux de première instance avaient reçu l'institution royale; mais on avait négligé d'appliquer cette mesure aux juges de paix, à leurs suppléans et à leurs greffiers. Près de cinq mille fonctionnaires de cet ordre rendaient la justice au nom du Roi sans avoir été confirmés par lui, sans lui avoir même prêté serment de fidélité, et sous la seule garantie du serment prêté au gouvernement antérieur. Cet état de choses, aussi contraire aux principes de la monarchie qu'à ceux du sens commun, n'existe plus, et aujourd'hui tous les membres des justices de paix tiennent leurs pouvoirs du Roi.

Les désordres qui régnaient dans la tenue des registres de l'état civil, ceux qui s'étaient introduits dans un grand nombre de greffes, appelaient l'attention de l'autorité. Deux ordonnances rendues en 1823, en établissant sur ces points importans des mesures de surveillance, ont fait cesser des irrégularités qui compromettaient l'état et la fortune des citoyens.

La dignité de la profession d'avocat fut

toujours inséparable de la gloire de la magistrature et de la bonne administration de la justice. Une ordonnance du mois de novembre 1822 a rétabli l'ancienne discipline du barreau, qui avait en sa faveur la sanction du temps et les regrets de tous les hommes qui l'avaient connue.

Dans plusieurs tribunaux, le relâchement de la discipline avait fait naître des abus funestes pour les justiciables. Le ministère public a été chargé d'en poursuivre la répression par des voies légales; les cours royales en ont fait justice, et, pour se borner à un seul exemple, on se souvient encore de la décision par laquelle l'une de ces cours a provoqué la destitution de plusieurs avoués convaincus de prévarications énormes, et a censuré avec réprimande un juge qui avait toléré ces prévarications. La révocation des officiers coupables, celle du greffier qui s'était rendu leur complice, et celle du procureur du Roi dont le défaut de surveillance avait laissé le mal s'établir et s'étendre, ont achevé de satisfaire la justice et de rassurer les citoyens.

Je le demande à tout homme impartial,

l'horizon politique de 1824 ressemble-t-il à celui de 1821 ?

Alors on conspirait ouvertement contre le trône, les Carbonari s'affiliaient aux chevaliers de la Liberté, aux chevaliers du Lion, etc., etc.; les missionnaires étaient insultés dans les rues de la capitale et jusque dans la chaire de vérité ; une fermentation presque générale semblait annoncer quelque grande catastrophe; aujourd'hui la monarchie repose sur des bases inébranlables, et le Roi est si fort, qu'il peut être clément; il peut user de ce droit, le seul qui fasse aimer la couronne aux Bourbons, le droit de faire grâce. Combien de condamnés ressentent en ce moment les effets de sa miséricorde! Sannière et Lonjon, condamnés à mort pour crimes d'Etat, doivent la vie à la clémence royale; elle a remis le reste de leur peine à Maziau, Marquet, Laignelot, Tellier, et au colonel Pailhès, qui a su mériter cette faveur par la noblesse de son caractère et la franchise de son repentir.

Qui ne croirait qu'en donnant à la justice cette vie et ce mouvement jusqu'alors inconnus, le ministre a été forcé d'augmenter le personnel de son administration centrale, et par conséquent d'ajouter aux dépenses de cette administration? Loin de là, l'un de ses premiers actes a été de proposer aux chambres un retranchement de plus de cent mille francs sur cet article de son budget : il y a de grandes ressources dans l'ordre, la surveillance et l'économie.

MINISTÈRE DE L'INTÉRIEUR.

Les royalistes tournaient avec anxiété leurs regards vers ce ministère, l'un des plus importans pour la monarchie, puisqu'il renfermait dans ses attributions les cultes, la haute administration, l'éducation publique, les lettres et les arts. Le commerce et les manufactures ont-ils eu à se louer des changemens faits, et des mesures prises? un examen rapide nous en fera juger.

LES CULTES.

Le premier besoin des révolutionnaires, qui ne connaissaient d'autre Dieu que leur intérêt, devait être de proscrire la religion, la religion cette chaîne bienfaisante de consolations et de devoirs, dont le premier anneau, placé dans les cieux, ramène sans cesse l'homme à son origine et à sa fin.

Un ministre ami de la monarchie devait au contraire donner plus d'éclat à cette religion sainte, sur laquelle s'appuient les véritables trônes; ne pouvant dépasser les limites trop étroites du budget, il a voulu au moins augmenter le nombre de ces vénérables prélats qui présentent aux fidèles de leurs diocèses l'autorité de leur vie entière à l'appui de leurs paroles. Trente-quatre nouveaux siéges ont été érigés. Le moment viendra, et le ministre l'appelle sans doute de tous ses vœux, comme les royalistes, où les membres du clergé inférieur seront traités avec plus de justice, j'oserai même dire avec plus de décence, et où, selon l'heureuse expression de l'honorable rapporteur de la commission du budget (1), nos curés, n'ayant plus besoin qu'on impose pour eux leurs paroisses, feront l'aumône au lieu de la rançon.

____

(1) M. de Frenilly, député de la Loire-Inférieure, l'un des écrivains les plus distingués du Conservateur; il vient d'être nommé conseiller d'État.

PRÉFECTURES.

Des administrateurs éclairés, pleins de talent et d'énergie, avaient été destitués par les précédens ministères, comme convaincus d'un attachement *trop vif* au Roi et à son auguste famille; le premier soin du nouveau ministre a été de les réintégrer, et les royalistes ont vu avec la plus grande satisfaction rétablir sur la liste des préfets M. d'Arbaud de Jouques, d'Arbelles, de Curzay, Conen de Saint-Luc, de Roussy, Esmangart, et plusieurs autres magistrats distingués. Cette justice tardive a eu le résultat auquel on devait s'attendre : dans les départemens où l'esprit était bon, il est devenu excellent; dans ceux où il était médiocre, il est devenu bon; les élections de cette année en ont offert une preuve incontestable : ainsi, sur ce premier article d'une grande importance, les royalistes ont de puissans motifs pour féliciter le ministre; ils n'en ont aucun pour s'en plaindre.

COMMERCE ET MANUFACTURES.

C'est peut-être une chose sans exemple dans l'histoire des nations, que d'avoir accordé une protection plus spéciale au commerce et aux manufactures, à l'instant même où une guerre de principes captivait l'attention de l'Europe; c'est pourtant ce qui a eu lieu l'année dernière. Tandis que le généralissime de l'armée française était encore à Madrid, le Louvre s'ouvrait pour la lutte pacifique des commerçans rivaux; quarante salles immenses offraient à tous les regards les ouvrages de 1648 exposans qui fixaient l'attention publique par la variété de leurs produits. A aucune époque, le nombre des fabricans, des inventeurs, etc., n'avait été aussi considérable; à aucune époque, l'exposition des produits de l'industrie n'avait mérité à un si haut degré les éloges des vrais connaisseurs. Ceux du Roi et de son auguste famille ont été pour le ministre la plus douce récompense, et pour les négocians, le prix le plus flatteur. Heureuse la France, qui sait suffire à tout, qui sait vaincre partout ! Tandis que ses soldats allaient éteindre en Espagne l'incendie révolutionnaire, d'honorables manufacturiers accouraient avec un noble orgueil dans le palais des Rois, et prouvaient aux nations rivales que le même peuple qui avait si souvent triomphé d'elles dans la guerre pouvait encore les vaincre dans la paix.

INSTRUCTION PUBLIQUE.

Cette branche si importante du bonheur public devait nécessairement devenir l'objet du plus scrupuleux examen : lorsqu'il s'agit d'éducation, c'est du présent que l'on s'occupe, mais c'est pour l'avenir qu'on travaille La question est de savoir si on veut léguer à la France une génération d'hommes turbulens, de novateurs inquiets, qui regardent les rois comme des égaux, et les hommes comme des machines à expériences; ou si l'on veut que notre postérité se compose de sujets fidèles, d'enfans soumis, de savans laborieux, de prêtres vertueux et sages qui fassent aimer Dieu pour faire respecter le Roi : les colléges sont des pépinières morales; en partant de cette vérité, examinons la conduite du ministre : l'université, dans laquelle il avait déjà fait, comme président, de sages réformes, a été ramenée par lui aux vrais principes, et il lui a donné pour chef suprême un prélat également distingué par ses vertus, son éloquence et sa fermeté. A sa voix l'ordre s'est rétabli; une république anarchique est devenue une monarchie paternelle où tout se fait, se juge, se décide en famille. C'est ici le cas de dire que l'on a eu tort de vouloir attaquer quelques actes d'autorité du grand-maître; on ne devait pas apprécier d'après les règles de la jurisprudence ordinaire des décisions prises avec le droit de les prendre; on s'est trompé par un motif honorable, mais on s'est trompé.

L'organisation de la faculté de médecine n'offrait aucune garantie au gouvernement, et pouvait lui inspirer des inquiétudes; les séances de l'école étaient continuellement troublées par des scènes indécentes; les professeurs les plus respectables étaient accueillis par des murmures; cet état de choses ne pouvait durer. Une organisation nouvelle sur des bases monarchiques a rétabli l'ordre, et ce travail d'une grande importance, dû à la volonté ferme et prévoyante de M. le ministre de l'intérieur, est un des plus beaux actes qui aient signalé son administration.

Si de l'université je passe aux colléges royaux, je trouverai encore de nombreuses améliorations; les bourses, accordées quelquefois sans un assez mûr examen, ne sont données qu'aux enfans ou petits-enfans des braves qui, après avoir versé leur sang pour la monarchie française dans les champs vendéens ou sous les drapeaux d'un Condé, n'ont recueilli pour prix de leur dévoûment que la mort ou la misère; un prince leur dit : Vous avez fait votre devoir comme sujets, je ferai le mien comme roi; je reconnaîtrai les services des générations passées en adoptant les générations naissantes; les indigens auront une providence, les orphelins auront un père.

LETTRES ET BEAUX-ARTS.

Ce n'est pas au roi qui porte la couronne de François Ier et de Louis XIV, ce n'est point au prince que les lettres ont consolé de l'exil, que l'on pourrait attribuer de l'indifférence pour les lettres et les arts ; aussi est-il facile de prouver que tous les noms répétés par la gloire et chers à la renommée ont été l'objet de quelque distinction flatteuse, de quelque récompense brillante. Si la préoccupation continuelle que donnent des affaires multipliées avait pu faire oublier au ministre des talens honorables, ce serait entrer, j'en suis sûr, dans ses intentions que de les indiquer à sa justice. Que si l'on se plaint, au contraire, qu'il n'a point accordé des pensions à certains auteurs qui n'ont de mérite et de célébrité qu'à leurs propres yeux, à ces poètes inconnus d'Apollon, dont les noms ne pourront vivre que dans les archives du ridicule, loin de murmurer contre la rigueur du ministre, je rendrai hommage à sa sévérité judicieuse. Il serait trop absurde que les notabilités de la médiocrité vécussent aux frais du gouvernement; et décourager de pareils hommes de lettres, c'est encourager les lettres elles-mêmes. Des réflexions semblables peuvent s'appliquer aux beaux-arts. A l'époque des dernières fêtes que la ville de Paris a offertes au prince libérateur de l'Espagne, l'élite des jeunes artistes a été appelée à célébrer de si grands événemens; des tableaux de la dimension la plus imposante ont été demandés aux pinceaux des Girodet et des Gérard; enfin, tous ceux qui ont un nom fait, comme ceux qui doivent s'en faire un, ont reçu des marques de souvenir qui sont déjà des récompenses.

PRÉFECTURE DE LA SEINE.

Cette grande administration, qui dépend du ministère de l'intérieur, a prouvé que rien n'est impossible quand des Français ordonnent et quand des Français exécutent. On a vraiment peine à croire que l'on ait pu entreprendre et terminer tant et de si grands travaux dans un temps si court; mais les édifices sont là comme des preuves vivantes que la malveillance elle-même ne peut pas repousser.

Des fontaines monumentales construites à la place Royale et coordonnées avec l'érection de la statue de Louis XIII; quatre barrières commencées et achevées; des marchés pour la ville et les campagnes, des entrepôts pour le commerce, un hôtel pour l'octroi, des quais agrandis, des promenades plantées sur des terrains libres, des rues ouvertes ou prolongées, et enfin ce magnifique monument de la bourse, qui frappe déjà tous les regards; tels sont, par aperçu, les travaux, et l'on peut dire les prodiges opérés en 30 mois; et, comme si c'était trop peu de tous ces édifices, des constructions plus utiles par leur but, plus imposantes par leur objet, ont acquis à ceux qui les ont créées de nouveaux droits à la reconnaissance publique; plusieurs des églises de Paris avaient été détruites de fond en comble; les maisons curiales, les communautés qui en dépendaient, avaient été vendues ou dénaturées; c'est depuis que le triomphe des saines doctrines a paru af-

fermi qu'on s'est occupé plus particulièrement de réparer tant de désastres, et que
les magistrats de la ville de Paris (1), ani-
més des plus louables sentimens, ont pu dé-
velopper avec tous ses avantages leur plan
général pour la restauration des édifices re-
ligieux : l'église du Gros-Caillou a été achevée
en deux ans ; celle qui doit remplacer la petite chapelle de la rue Montmartre se poursuit avec activité ; d'autres grandes constructions font des progrès rapides et doivent remplacer les églises du Saint-Sacrement, rues
Saint-Louis et de Bonne-Nouvelle. Au mi-
lieu de tous ces soins, qui se rattachent à
tous les principes d'ordre et de morale publique, il appartenait aux dépositaires de la
confiance du monarque d'appeler encore les
arts aux soins d'embellir ces monumens nouveaux.

Les jeunes artistes les plus distingués, soit
par leurs études à l'école royale de Rome,

____

(1) Il faudrait citer les noms de tous les maires ; il n'en
est pas un qui n'ait des droits aux éloges des vrais
royalistes.

soit par leurs succès dans nos académies (1), ont reçu l'honorable mission de remplacer les ouvrages anéantis par les Vandales de 1793.

Si des résultats aussi importans ont déjà été obtenus, on doit en espérer de plus importans encore sous l'administration d'un préfet éclairé, qui encouragerait les arts par reconnaissance, s'il ne les encourageait pas par devoir (2).

---

(1) Je citerai entre autres M. Vinchou, qui a rapporté en France la méthode inconnue de la peinture à fresque; et M. Abel de Pujol, que chaque nouvelle exposition recommande davantage à l'estime publique.

(2) Parmi les personnes qui secondent les vues utiles de M. le préfet de la Seine, je ne puis résister au plaisir de citer un jeune homme du plus grand mérite, M. Marcelin de Fresne, chef de division à la préfecture, dont l'instruction variée et l'activité prodigieuse sont au-dessus de tous éloges; M. Deliége, avocat au conseil, très-estimé de ses collègues; et M. Lemaire, chef de bureau des travaux publics.

PONTS ET CHAUSSÉES.

Pendant que la préfecture du département de la Seine multipliait ses efforts pour l'embellissement de la capitale, la direction générale des ponts et chaussées déployait la même activité sur toute la surface du sol français.

Le 14 août 1822 une loi a été rendue pour l'ouverture de plusieurs canaux en Provence, en Languedoc et en Bourgogne, et en mai 1824, vingt mois après, M. le ministre de l'intérieur disait dans un rapport présenté au Roi et distribué aux chambres :

» Déjà les ponts de Bordeaux et de Libourne
» sont terminés; déjà la rivière de l'Isle et le
» canal de Bourgogne sont navigables sur une
» portion de leurs développemens; déjà le
» passage est donné au public sur les ponts
» du duc d'Angoulême à Souillac dans le Lot,
» et de Laval dans la Mayenne; la grande com-
» munication touchant nos ports de la France
» et de l'Espagne par Bordeaux est sur le point
» de s'ouvrir; enfin, au nord, au midi, à l'est,
» à l'ouest, au centre du royaume, des milliers

» de bras travaillent à l'envi pour achever ces
» grands ouvrages qui attesteront à jamais la
» haute prévoyance du Roi et sa sollicitude
» pour la génération présente et les généra-
» tions à venir (1). »

Il faut en convenir, un ministre qui, en
se demandant à lui - même compte de son
temps, peut se rendre le témoignage qu'il
l'a aussi utilement employé, n'a point de re-
proches à se faire; nous croyons donc que
M. le ministre de l'intérieur vit dans une paix
profonde avec sa conscience.

---

(1) Extrait du rapport présenté au Roi, le 20 mai 1824,
par S. Ex. Mgr. le ministre de l'intérieur.

MINISTÈRE

DE LA MAISON DU ROI.

Si j'ajoute à l'ensemble de toutes ces grandes administrations quelques détails sur le ministère des grâces et des faveurs; si en trahissant, par amour même pour le Roi, ses volontés augustes, je montre sa bienfaisance inépuisable devinant toutes les infortunes; si j'affirme, avec preuves, que les retraites accordées aux anciens serviteurs de la maison du Roi sont assurées d'une manière invariable sur la caisse de vétérance, dont la situation est prospère ; si je dis que la liste civile paie huit mille cinq cents pensions aux émigrés, aux ecclésiastiques, aux veuves, aux militaires, aux gens de lettres, aux artistes, on trouvera sans doute dans ces révélations de nouveaux motifs de reconnaissance envers ce monarque si bon, si généreux, dont le bien est le double patrimoine du malheur et du talent.

RÉSUMÉ.

Lorsque j'ai offert dans une analyse rapide l'ensemble des travaux des grandes administrations, je n'ai pas prétendu qu'aucune faute n'avait été commise, tous les hommes sont sujets à l'erreur : j'ai voulu dire seulement qu'il y avait eu partout bonne foi, zèle et dévoûment.

Après avoir parcouru les différens ministères, il me reste à parler des ministres. Plusieurs d'entre eux n'ont jamais été attaqués, même depuis la retraite de M. de Châteaubriand. M. de Lauriston a reçu en plusieurs occasions des marques éclatantes de la satisfaction du Roi. M. le comte de Peyronnet a eu des preuves fréquentes de l'estime que lui portent tous les royalistes. M. le rapporteur de la commission du budget a dit ce que tous les Français savent sur les principes et la valeur de M. le ministre de la guerre. M. le marquis de Clermont-Tonnerre a reçu, lorsqu'il a parlé des derniers complots ourdis à la Martinique, des marques non équivoques de la satisfaction de la chambre. MM. de Villèle et Corbière ont recueilli souvent, comme leurs collègues, les suffrages des membres de la chambre haute et de la chambre des communes; mais c'est contre ces deux ministres que les rédacteurs du *Journal des Débats* ont dirigé plus particulièrement leurs coups. Examinons si ces attaques sont méritées, et pour cela, prenons les choses d'un peu haut.

« Depuis plusieurs années la chambre des
» députés possédait deux hommes autour
» desquels s'étaient réunis tous les intérêts
» et toutes les espérances des royalistes. La
» cause monarchique, d'abord poursuivie par
» la haine, compromise ensuite par la fai-
» blesse, se soutenait appuyée de leur nom,
» de leur sagesse, de leur éloquence; tous les
» regards se tournaient vers eux. Ce furent
» MM. de Villèle et Corbière qui apprirent
» aux royalistes à ne point désespérer de leur
» cause. Ralliés sous leurs auspices, et les pre-
» nant volontairement pour guides, les roya-

» listes leur déférèrent, en quelque sorte sur
» le champ de bataille, le commandement de
» leurs rangs, et cette autorité toute morale re-
» çut enfin un caractère plus décisif et plus im-
» posant de la sagesse du monarque. M. de
» Villèle et M. de Corbière furent élevés au mi-
» nistère. Ce double choix eut cet avantage,
» qu'il ne surprit personne. Il inquiéta les ré-
» volutionnaires, il satisfit les amis de la mo-
» narchie. Mais, d'un autre côté, on ne de-
» manda pas les titres des nouveaux ministres;
» ces titres étaient trop bien connus des uns,
» ils l'étaient assez des autres.

» Quelles qualités propres à faire d'excellens
» ministres l'opposition la plus partiale pou-
» vait-elle leur contester? C'était par des ta-
» lens éprouvés sous les yeux de leurs compa-
» triotes, par des connaissances acquises dans
» des administrations éloignées ou locales,
» par le talent reconnu de la parole, par une
» probité à l'abri même du soupçon, par un
» dévoûment inaltérable à la légitimité et
» aux Bourbons, et non par l'influence d'une
» grande fortune ou de magistratures élevées,
» qu'ils avaient réuni les suffrages de leurs

» concitoyens; qu'ils avaient mérité l'honneur
» d'être appelés à la chambre élective; qu'ils
» avaient été jugés dignes d'y défendre les in-
» térêts de la monarchie constitutionnelle.
» Portés sur un plus grand théâtre, exposés
» aux regards de la France, entourés d'ho-
» norables amis et d'illustres rivaux d'élo-
» quence et de zèle; placés en face d'adver-
» saires, parmi lesquels il en est plusieurs qu'il
» est glorieux de combattre et de vaincre,
» M. de Villèle et M. de Corbière soutinrent
» dans la chambre l'éclat de la renommée
» qui les y avait introduits, et se distinguè-
» rent parmi tant de collègues distingués.
» Devenus ministres, ont-ils justifié l'opi-
» nion publique, qui avait dirigé le choix du
» souverain? Ici nous sentons tout ce qu'il y
» a généralement de facile dans le rôle de
» l'opposition, tout ce qu'il y a de délicat, et
» même, jusqu'à un certain point, tout ce qu'il
» y a d'embarrassant dans l'apologie du pou-
» voir; mais nous sommes arrivés à un temps
» où le vrai courage a changé de poste, et où
» la louange la plus juste présente peut-être
» plus de dangers que la censure la plus pas-

» sionnée. Si le ministère, ou du moins si
» quelques membres du ministère n'étaient at-
» taqués que par leurs ennemis naturels, que
» par ces hommes qui ne pardonnent rien de
» ce qui se fait dans l'esprit, ou en faveur de la
» cause royale, nommer les agresseurs ce se-
» rait repousser l'agression; en dévoiler le motif
» serait en faire sentir la puérilité. Que fau-
» drait-il pour cela ? Citer quelques noms
» propres.

» Mais lorsque des ministres sortis des
» rangs des royalistes, des ministres ouvrage
» de la confiance et de l'assentiment unanime
» de leurs collègues royalistes, voient tout-à-
» coup se mettre au nombre de leurs adver-
» saires quelques hommes (en très-petit nom-
» bre, il est vrai) détachés de la partie royaliste
» à laquelle ces ministres appartiennent, et où
» ils ne doivent trouver que des auxiliaires,
» c'est alors qu'il est permis aux amis sincères,
» non de ces ministres, mais de la justice, mais
» de la monarchie, d'élever la voix pour des
» intérêts aussi sacrés; de signaler l'erreur ou
» la prévention, et d'opposer à des écarts aussi
» inexplicables dans l'ordre politique, l'au-

» torité des faits et des souvenirs, trop ré-
» cens pour être déjà effacés de la mémoire. »

Quoique je trouve ce tableau d'une grande vérité, quoique je sois fort disposé à signer cet éloge si bien raisonné de MM. de Villèle et Corbière, je ne lui aurais peut-être pas accordé une si grande étendue, de peur d'encourir le reproche banal de ministérialisme. Mais qui donc a tracé ce tableau? qui donc a écrit cet éloge? Pour le savoir, lisez le *Journal des Débats* du 5 mars 1823.

Si ce journal a exprimé, à cette époque, sa pensée sur ces deux ministres d'une manière aussi flatteuse, pourquoi a-t-il changé tout-à-fait de langage depuis la retraite de M. de Châteaubriand? Que veut-il qu'on pense de ses principes et de sa fixité? Qu'il pèse aujourd'hui les faits comme il les appréciait alors, et qu'il dise si depuis trente mois un ministère monarchique n'a pas tout amélioré en France. J'ose le demander à l'homme le plus prévenu et le plus passionné; le temps où nous sommes ressemble-t-il à celui où chaque jour amenait la découverte d'un complot? à celui où la France, travaillée sourdement par des mines révolu-

tionnaires, menaçait d'une explosion soudaine?
à celui où Brest, Nantes, Béfort, Nîmes et La
Rochelle recelaient des agitateurs qu'une fermeté inflexible a pu seule déconcerter? Disons-
le franchement, la physionomie morale de la
France est tout-à-fait changée; une tranquil-
lité, que j'ose nommer imperturbable, règne
sur toute sa surface. N'exaltons pas, j'y con-
sens, le ministère qui a obtenu ces immenses
résultats; abstenons-nous de tout éloge; ris-
quons d'être ingrats pour ne pas paraître flat-
teurs; mais avouons, sous peine d'être injustes,
qu'ils n'ont manqué ni d'habileté, ni de zèle, ni
de dévoûment; et après avoir reconnu cette
vérité, donnons un libre cours à notre reconnaissance envers ce monarque vénérable dont
la sagesse est notre Providence; qui deux fois
s'est interposé entre la France et l'Europe,
comme un génie tutélaire, et qui, faisant tour-
ner son exil au profit de son expérience, a
puisé dans son malheur même le secret de
nous rendre heureux.

Que ne puis-je me faire entendre à la fois de
tous ceux qui sont, ou du moins qui se font les
ennemis du gouvernement du Roi! Je dirais

aux membres de l'opposition libérale : Que voulez-vous ? la liberté des cultes ? elle existe à tel point que les protestans et même les Israélites sont admis à tous les emplois ; la liberté de la presse ? vos écrits prouvent qu'elle est poussée jusqu'à la licence ; des jurys indépendans ? que pensez-vous de celui de Toulouse ? N'affectez donc pas l'air mécontent quand tout doit vous satisfaire ; ne cherchez pas ce qui vous a été donné, ne demandez pas ce que vous avez. M'adressant ensuite aux membres de la contre-opposition, je leur dirais : Pouvez-vous laisser éclater entre vous des dissentimens quand votre division est la seule chance de succès qui reste à vos ennemis vaincus ? Vous voulez, dites-vous, faire de l'opposition. Contre qui ? contre les personnes : ces armes-là ne sont pas françaises, elles sont empoisonnées ; contre les choses ? mais vous possédez tout ce que vous désiriez. Demanderez-vous de la fixité dans le gouvernement ? la septennalité vous en fait jouir ; réclamerez-vous des secours pour les Vendéens ? trois cent mille francs viennent d'être ajoutés pour eux au budget ; des indemnités pour les émigrés ? des ordres

sont donnés pour que l'on établisse dans chaque département des relevés de leurs pertes.

Pour que vous abjuriez à l'instant des que-
relles funestes, il vous suffira d'écouter ce que
disent de vous vos implacables ennemis les
révolutionnaires. L'organe de leur parti s'ex-
primait tout récemment en ces termes :

« Au moment où la division a éclaté parmi
» les royalistes, il n'y avait que deux drapeaux,
» celui du ministère et celui de la monarchie
» constitutionnelle (c'est-à-dire du Roi et des
» libéraux). Il a bien fallu que les dissidens
» vinssent se rallier autour du dernier. Il était
» temps, car, après bien des combats malheu-
» reux, il s'en allait en lambeaux; et pour
» l'arborer, il fallait déjà du dévoûment. »

Royalistes! vous l'entendez : le drapeau de
la révolution s'en allait en lambeaux; on
compte sur vous pour le faire briller d'un
nouvel éclat! Non, vous n'accepterez pas cette
mission déshonorante. Et vous, spirituels rédacteurs du *Journal des Débats*, vous, écrivains
monarchiques de la *Quotidienne*, de cette feuille
qui s'est conservée pure pendant le siècle des
cent jours, vous laisserez aller en lambeaux le

drapeau révolutionnaire; vous dédaignerez des caresses qui sont des piéges, des éloges qui sont des poisons, et vous marcherez toujours sous le drapeau sans tache qui n'égare jamais. Vous ferez à la paix publique le sacrifice de vos ressentimens, et vous remplacerez les murmures par ce cri, véritable mot-d'ordre des royalistes : *Vive le Roi! Vivent les Bourbons! Vive la France!!*